キャラ紹介

池野芽衣

小学校4年生の女の子。
おしゃれに興味は
あるものの、ガサツ。
従姉のあおいお姉ちゃんに
あこがれている。

沢音あおい

芽衣の従姉。
バリバリの現役女子高生。
エレガントで、芽衣を
とてもかわいがってくれている。

もくじ

♥ **スペシャルマンガ①** ････････････････････････ 2

♥ レッスン1 ♥
キレイに見せるために

どんな女の子が理想？ どんな女の子になりたい？① ････ 14
1. 笑顔は女の子をキレイにする！ ････････････････ 16
2. キレイの基本は清潔感！ ･･･････････････････ 18
3. バスタイムはキレイのチャンス！ ･･･････････････ 20
4. 基本の身だしなみ ････････････････････････ 24
5. 清潔感のあるヘアスタイル① ･････････････････ 26
6. 清潔感のあるヘアスタイル② ･････････････････ 28
7. 物を大切に使う姿ってキレイ！ ････････････････ 34
8. 場面に合ったおしゃれをしよう！ ････････････････ 38
9. つめをキレイに整えよう！ ･･･････････････････ 40
10. プチメイクに挑戦してみよう！ ････････････････ 42

おさらい! キレイに見せるためのマナーレッスン ････････････ 50

🌸 ミリョクがアップする♥ おしゃれアイテム診断!! ････ 30
🌸 助けて！こんなとき、どうしたらいい？ ･･････････ 32
🌸 運気と女子力アップ！ ちょこっと風水 ････････････ 36
🌸 幸運を引きよせるラッキーアイテム紹介！ ････････ 44

♥ レッスン2 ♥
もっとキレイに近づくために

どんな女の子が理想？　どんな女の子になりたい？② ···· 52

① 一目でキレイが伝わる、姿勢美人になろう！ ······· 54

② 美しいすわり方ってどうすればできるの？ ········ 56

③ ハキハキ話して会話美人になる！ ·········· 60

④ あいさつってやっぱり大切！ ··········· 62

⑤ 友だちのおうちにおよばれしたときのマナー、
　　知ってる？ ················· 64

⑥ おくり物をもらったときのマナー ·········· 70

⑦ 物を借りたときのマナー ············ 72

⑧ 食事をするときのマナー ············ 74

⑨ 外食するときのマナー ············· 76

⑩ 場所に合ったマナーをしっかり判断！ ········ 84

おさらい！ もっとキレイに近づくためのマナーレッスン ······· 90

❀ こんなとき、あんなときのマナー ·········· 66

❀ あなたの気配り度は何パーセント？
　　気配りチェック診断!! ············· 68

❀ レストランに行くときの服そう ··········· 78

❀ 助けて！ こんなとき、どうしたらいい？ ········ 86

❀ おいしい紅茶のいれ方 ············· 88

❀ 紅茶とお菓子のいただき方 ··········· 89

♥ レッスン3 ♥
内側（うちがわ）からキレイになるために

- どんな女（おんな）の子（こ）が理想（りそう）？ どんな女（おんな）の子（こ）になりたい？③ ‥‥ 92
- ① 家族（かぞく）の間（あいだ）にもマナーがある！ ‥‥‥‥‥‥‥ 94
- ② プラス思考（しこう）になろう！ ‥‥‥‥‥‥‥‥‥‥ 96
- ③ 友（とも）だちに相談（そうだん）されたら‥‥‥‥‥‥‥‥‥ 98
- ④ マナー上手（じょうず）はホメ上手（じょうず） ‥‥‥‥‥‥‥‥‥ 102
- ⑤ マナー上手（じょうず）は断（ことわ）り上手（じょうず） ‥‥‥‥‥‥‥ 104
- ⑥ スマートフォンのマナー ‥‥‥‥‥‥‥‥‥‥ 108
- ⑦ 物（もの）のあつかい方（かた）で「品（ひん）の良（よ）さ」がわかる！ ‥‥ 112
- ⑧ さりげなく教（おし）えてあげるマナー ‥‥‥‥‥‥ 114
- おさらい！ 内側（うちがわ）からキレイになるためのマナーレッスン ‥‥‥ 124

- ★ 助（たす）けて！ こんなとき、どうしたらいい？ ‥‥‥‥‥ 106
- ★ 人（ひと）づき合（あ）いのなやみ あるあるQ＆A（キューアンドエー）！ ‥‥‥‥ 110
- ★ カードのかわいいデコり方（かた）！ ‥‥‥‥‥‥‥‥ 120
- ★ プレゼントをおくろう！ ‥‥‥‥‥‥‥‥‥‥‥ 122

♥レッスン4♥
ずっとキレイでいるために

- どんな女の子が理想？ どんな女の子になりたい？④ ・・・ 126
- ① 整理せいとんで身のまわりもキレイに！ ・・・・・・・・ 128
- ② 知的な女の子って、キレイ！ ・・・・・・・・・・・・・・・・・ 134
- ③ おこづかいを上手に使えるようになる！ ・・・・・・・ 136
- ④ 料理に挑戦して、喜んでもらおう！ ・・・・・・・・・・・ 140
- ⑤ 失敗ははずかしがらない！ ・・・・・・・・・・・・・・・・・・ 142
- ⑥ 人に好かれるマナー ・・・・・・・・・・・・・・・・・・・・・・・・ 146
- おさらい！ ずっとキレイでいるためのマナーレッスン ・・・・・・・ 151

- ★ どんなお部屋にしたい？ 理想のお部屋コーデ♬ ・・・ 138
- ★ 助けて！ こんなとき、どうしたらいい？ ・・・・・・・・・・ 144
- ★ ステキレディになるための5つの法則！ ・・・・・・・・・・ 150

プチ・ブレイクタイム　まちがいさがし

- 💗 ゆうがなバスタイム♬ ……………… 22
- 💗 ナチュラルメイクにチャレンジ！ …… 48
- 💗 思いやりの気持ちを大切に！ ………… 58
- 💗 バイキングって楽しいね！ …………… 80
- 💗 みんなでパーティの準備♪ …………… 100
- 💗 家族でショッピング♪ ………………… 116
- 💗 明日の準備はできたかな？ …………… 132

プチ・ブレイクタイム　えさがし

- 💗 ファッションビルってお城みたい！ …… 46
- 💗 スーパーマーケットでお買い物♪ ……… 82
- 💗 楽しいおつかい♪ ………………………… 118
- 💗 みんなでお料理！ ………………………… 148

- 💗 **スペシャルマンガ❷** ……………………………… 153
- プチ・ブレイクタイム こたえ ……………………… 158

♥レッスン1♥

キレイに見せるために

キレイに見せるためには、どんなことをしたらいいのかな？
すぐにできることもたくさんあるよ★

バスタイムは
魔法の時間!?

笑顔で
美しく&ハッピーに♪

清潔感のある
ヘアスタイルをご紹介

どんな女の子が理想？
どんな女の子になりたい？①

自分がなりたい女の子のイメージがはっきりすると、その目標に近づくように少しずつ努力ができるよね！　自分がなりたいイメージの女の子の絵に✓を入れてみよう。

笑顔がトレードマーク

いつもふくれっつら

清潔感のある女の子

いつもハンカチをわすれちゃう、うっかりキャラ

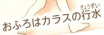
5分で出ちゃう！

おふろはカラスの行水

おふろはキレイみがきタイム

いつもキレイ目ヘアスタイル

たまには寝ぐせもキュート！

新品ばかり持っていたい！

気に入った物を手入れして大切に使いたい！

場面に合った服そうができる

どんな場面でも好きな服

レッスン1 キレイに見せるために

キレイに見せるために その1
笑顔は女の子をキレイにする！

笑顔は人を美しく見せるだけでなく、まわりの人も幸せな気持ちにするよ。どんなときでも笑顔でいるようにすると、気持ちや考え方も変わって、どんどん楽しくなってくるね。

ステキな笑顔ってどんなの？

check!!
目も笑っている
（目が笑っていないとつくり笑いに見えるよ）

check!!
上の歯を見せると自然

check!!
くちの両はしがキュッと上がっているやさしい笑顔は人をほっとさせるね

いつも笑顔でいる子のところに人は集まってくるよ

みんなに好かれる、ミリョク的な笑顔のつくり方

鏡を見て、練習しよう！

レッスン1 キレイに見せるために

1

声は出さなくてもOK!

大きくくちを開けて、「あ」「い」「う」「え」「お」と言おう。

2

目をギュッと閉じたり、大きく開いたりしよう。

3

くちびるをつき出して、左右に3往復させよう。

4

口角（くちの両はし）を上げるようにして、上の歯を見せて笑おう。

プロのモデルさんも、ステキに見えるように笑顔の練習をしているんだよ！

キレイに見せるために その2
キレイの基本は清潔感！

ステキなドレスを着ていても、凝ったヘアスタイルをしていても清潔感がなければ、すべてだいなし！　おしゃれ以前に、とっても大切な清潔感の基本を総点検しよう。

キレイな子には清潔感がある！

自分が人からどう見られているか、きびしくチェック！ 清潔感チェックポイント！

髪はボサボサじゃない？

歯はピカピカにみがいた？

顔は洗っている？

目やにがついていたら、百年の恋も冷めちゃうかも。

> レッスン1　キレイに見せるために

フケが落ちていない？

服はシワシワじゃない？

つめはキレイ？

物の使い方はキレイ？

えんぴつは毎日けずってね。

ティッシュやハンカチを持っている？

きちんとアイロンをかけてね。ミニタオルでもOK！

上ばきはよごれていない？

清潔感があるだけで、好感度はグーンとアップするね！

バスタイムはキレイのチャンス！

バスタイムはどんどんキレイに近づける魔法の時間。体のよごれだけではなく、ココロのつかれも、オフしたいよね！ふわふわの泡に包まれて、すみからすみまでキレイになっちゃおう。

湯ぶねにつかって美しく！

シャワーのほうがスピーディだけれど、
湯ぶねにつかると、うれしい効果がいっぱい！

check!!
毛穴が開いて
よごれがよく落ちる

check!!
リラックス
効果で
ストレス減！

check!!
お湯による
マッサージ効果もアリ！

すべすべほっぺのための洗顔方法

洗顔用ネットで
ふわふわの泡ができるよ。

皮脂の多いTゾーンを中心に。

★肌に合わない洗顔料は肌あれの原因になることが！おうちの人に相談して選ぼう。

ぬるま湯で顔をぬらしてから、洗顔料の泡を顔にのせる。

指の腹でやさしく洗うのがコツ。完全に泡がなくなるまですすごう。

サラつや髪のためのシャンプーのコツ

地肌につけると、せっかく洗った頭皮にリンスの油分がついてしまうよ。

指の腹を使ってやさしく洗おう。強くゴシゴシするのはNG。

リンスは髪の表面だけにつけて、しっかりすすごう。

すみずみまでつるつるボディ

耳の後ろ

ひじ

かかと

ひじなどは、自分では気づきにくいけれど、人からはよく見える場所。細かいところまできちんと手入れができれば、カンペキ！

レッスン1 キレイに見せるために

ゆうがな バスタイム♬

左と右の絵では、ちがうところが7つあるよ。
全部見つけられるかな？

こたえは158ページ

基本の身だしなみ

キレイに見せるために その4

「身だしなみ」は服のマナー。きちんとした身だしなみをしていると、人から「あの子、いいな」と思われたり、信頼されたりするよ。逆に身だしなみが整っていないと、印象が悪くなってしまうことも。

身だしなみは評価につながる！

家庭教師をしてもらうなら、どちらの人がよさそう？　どうしてそう感じるのかな？

食べるならどちらのパティシエのお菓子？

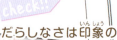

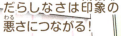

だらしなさは印象の悪さにつながる！

家を出る前、鏡で確認！ これで着こなしはバッチリ！身だしなみを整えよう！

レッスン 1　キレイに見せるために

体と服の中心が合っている?

えりもとをチェック!

服が曲がっていないか、肩のラインが合っているか確かめよう。

服がモコモコになっていない?

そではピンとなっているかな?

ウエストもチェック!

上着を重ねているときは、そでにも注意。1枚ずつピンと伸ばして。

服のサイズは合っている?

好きな服でも、体に合っていないと、おかしく見えるよ。

シャツのすそがだらしなくない?

うっかりはみだしはみっともない。

くつ下のズレにも注意!

おしゃれでわざと外に出す以外はインしておこう。

> 身だしなみは、人に対して失礼にならないためのものでもあるんだね!

清潔感のあるヘアスタイル①

キレイに見せるために その5

女の子らしいロングヘアも、手入れをおこたると、つやがなくなってボサボサになったり、清潔感がなくなったりするから、要注意！髪がじゃまになる場面では、まとめるとスッキリして感じがいいね。

ロングヘア編

清潔感のあるロングヘアってどんなの？

check!!
ていねいにブラッシングされている

check!!
シャンプーでサラサラに洗ってある

check!!
前髪は眉に少しかかるくらいがgood！長すぎると暗い印象に！

check!!
切れ毛や枝毛がなく健康な髪

女の子にも 男の子にも 好かれる！
かわいい&キレイ目 かんたんヘアアレンジ

レッスン1　キレイに見せるために

ポニーテール

髪の表面にスタイリング剤をつけるとキレイにまとまるよ。

高い位置に髪を集める。えり足の部分がたるまないように。

ぎゅっ

まとめた髪を結んで毛束を左右に分けてひっぱり、結び目を固定。

ツインテール

鏡で結び目の高さをチェック。

髪を左右に分けて結ぶ。結ぶ高さによって印象が変わるよ。

前髪流しどめ

前髪を7対3に分けて、横に流し、耳の上でピンをとめる。

最初はうまくいかなくても、練習すればコツがつかめるはず。

キレイに見せるために その6 清潔感のあるヘアスタイル②

ロングヘアにくらべて、手入れがかんたんな短めヘア。ただし、ラクだからといって手をぬくと、ガサツな子だって思われちゃうキケンも！

ミディアム・ショートヘア編

清潔感のある
ミディアム・ショートヘアってどんなの？

check!!
寝ぐせの
ない
まとまった髪

check!!
切れ毛や
枝毛がなく
健康な髪

check!!
シャンプーで
サラサラに
洗ってある

短めヘアでも イメチェンができる！
かわいい&キレイ目 かんたんヘアアレンジ

耳かけピンどめ

片方のサイドの髪を耳にかけ、耳の上でピンをとめる。

ねじり前髪どめ

ヘアクリップや小さ目バレッタがかわいい。

前髪を7対3くらいに分けてゆるくねじり、耳の上でピンをとめる。

カチューシャ

スッキリ&女の子らしさが両方手に入るカチューシャはショートの子にも◎。

ちょこっと結び

頭頂部の髪を少しまとめて、ゴムで結ぶ。

レッスン1 キレイに見せるために

ミディアムやショートでも、いろいろなアレンジをためしてみて！

ミリョクがアップする♡ おしゃれアイテム診断!!

あなたのミリョクをアップするのにピッタリなおしゃれアイテムを診断できるよ♪ 今の気分に当てはまるほうの矢印に進んでね。

Yes ➡、No ➡

スタート
レース付きの服が好き。

バスタイムが好き。

持ち歩くなら綿のハンカチ派？タオルハンカチ派？

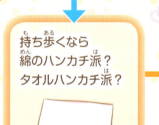

綿のハンカチ ➡

タオルハンカチ ➡

毎日鏡の前で身だしなみをチェックしている。

ショートヘアよりロングヘアが好き。

パンツより
スカートをはく
ことが多い。

ガーリーより
お姉さん
ファッション派。

ピッタリなのは
カチューシャ

キュートなあなたのミリョクがアップ♡

パステルより
ダークな色のほう
が好き。

今、髪を
切りたい気分だ。

ピッタリなのは
シュシュ

エレガントなあなたの
ミリョクがアップ♪

アイドルより
スポーツ選手が
好き。

ピッタリなのは
イヤリング

スポーツは
見るより
参加する
タイプ。

大人っぽいあなたの
ミリョクがアップ！

助けて！こんなとき、どうしたらいい？

朝起きたら、ひどい寝ぐせで、髪がボサボサ！　このままじゃ学校へ行けない！　手がカサカサで友だちに見せるのもはずかしい！　どうしたらいいの!?　そんなときのお助け方法を紹介するよ。

朝起きたらひどい寝ぐせ！

寝ぐせレスキュー！3つの方法

その1　寝ぐせがついている部分を水かお湯でぬらそう。このとき大切なのは、はねている部分をぬらすのではなく、はねている髪の「根元」をしっかりぬらすこと。ぬらしてしばらくしてから、ドライヤーとブラシを使って、ブローで髪のくせをとろう。

うわーん、どうしよう！
毛先ばかりぬらしても直らないよ。

ゆるくしぼって1分！
朝ごはんを食べている間巻いておこう！

その2　　ぬらしたタオルを軽くしぼって、レンジで1分ほどあたためると、蒸しタオルになるよ。そのタオルを寝ぐせの部分に当てるか、髪全体に巻いて、10分ほどそのままに。そのあと、ブラシで毛流れを整えればOK！

その3　いちばん確実で、手っ取り早いのはシャワーを浴びる方法。ただし、朝、時間に余裕がない人は、むずかしいかも……！おふろのあと、髪をしっかりかわかしてから寝ると寝ぐせがつかないよ。

手がカサカサではずかしい！
すべすべハンド復活！ 3つの方法

その1

ぬれたままにすると、手があれる原因になる！

手洗いのときに、熱いお湯を使うのはNG。必要なうるおいまでとってしまうよ。洗い終わったら、タオルで水気をしっかりとること。そのとき、ゴシゴシ乱暴にふくのではなく、タオルを肌に押しつけるようにして、やさしく水分をすわせよう。

その2

手を洗ったあと、化粧水をコットンにたっぷりふくませて、指や手の甲にのせて1分ほど保湿パック。そのあと、ハンドクリームをぬって、うるおいを閉じこめよう。

その3

乾燥しやすい指先や指の間に特にしっかりクリームをぬろう。

寝る前のハンドマッサージにトライ！手の甲にハンドクリームをとり、手の甲どうしをすり合わせたあと、手全体になじませよう。指の間や、指の1本1本をもむように、マッサージ。つめのまわりもわすれずにね。夜寝ている間に成長ホルモンが出て、肌の再生を助けてくれるよ。ひどい手荒れの場合は、皮膚のトラブルかも。化粧水やハンドクリームは使う前に、おうちの人に相談してね。

レッスン1 キレイに見せるために

物を大切に使う姿ってキレイ！

キレイに見せるために その7

古い物でも手入れしてていねいに使うと、長い間使えるよ。新品のときにはなかった愛着が生まれてくることも！ 物をザツにあつかっている姿は美しくないよね。

物を大切にすると美人度アップ

物をていねいに
あつかっている姿は
エレガント！

check!!

check!!

その物が
もっと
好きになる

おしゃれな子はもうやっている！ お気に入りの物をメンテナンスして使おう！

レッスン1　キレイに見せるために

上着をブラッシング

着たあとに毎回ブラシをかけることで、よごれがしみつかないよ。

服のメンテナンス

- とれかけたボタンはつける。
- 毛玉は軽く引っぱってハサミで切る。
- ほつれている糸は切る。

そのままにしておくと、だらしない印象に。気づいたらすぐやろう。

バッグのそうじ（ナイロン・布の場合）

細かいよごれは歯ブラシでこする。

さかさまにして、中のごみやホコリをはらう。

ポンポンたたくように。

うすめた中性洗剤をつけた布でふく。

風通しのよいところでかわかしてね。

固くしぼったタオルでふいてから、かわかす。

物をていねいに使う姿は、ステキに見えるよ！

運気と女子力アップ！ ちょこっと風水

いつものお部屋にちょこっと風水を取り入れて、運気も女子力もアップしちゃおう。

- カーテンを開けて太陽の光が差しこむようにしよう。
- 机はまどからはなして置くと勉強運アップ！
- ハートのインテリアで恋愛運アップ！
- 鏡を使わないときはふせておこう。
- ベッドをキレイにして健康運アップ！
- 必要な物だけある整理せいとんされた部屋にしよう！

★ 整理せいとんされたキレイなお部屋はココロも体もいやし、運気をアップさせてくれるよ。

運気をアップさせるには？

使う物をしぼって運気アップ！

- 使う物、使わない物を分ける。
- 使わない物の中で、捨ててもよい物は捨てる。
- お気に入りの物だけある部屋にする。

すみずみまでキレイにして運気をアップ！

- ひきだしの中、ベッドの下など、ふだん見えないところもキレイにしておこう。

カラーを味方につけて運気をアップ！

- **ピンクの小物**……………恋愛運がアップ！　ハンカチやポーチをピンクにすると、両想いになれるかも♥

- **ブルーのステショ**………勉強運がアップ！　シャーペンやノートなどをブルーの物で統一すると、集中力が上がるよ！

- **グリーンのインテリア**…健康運がアップ！　小さな観用植物を置いたり、カーテンをグリーンにすると、気分が落ち着く部屋になるよ★

場面に合った おしゃれをしよう！

キレイに見せるために その8

かしこまった場面では、いつもとはちがったおしゃれが必要になるよ。そんなときは、お気に入りのハデなアクセも、ルーズな着こなしも封印。場面に合った服そうをすることは、大切なマナーだよ。

失礼にならない格好ってどんなの？

check!!
年れいに合った服そう
（大人っぽすぎたり、子どもっぽすぎたりしない）

check!!
清潔感がある

check!!
人にいい印象をあたえる

check!!
着くずしていない

初対面でも好感度、大！ かしこまった場面ではどんな着こなしが正解？

レッスン1　キレイに見せるために

式典や面接など

キレイ目のワンピース

長い髪はまとめておくと、スッキリ、好印象。

えりのあるシャツ

ボタンはいちばん上までとめてね。シャツのすそはインしよう。

結婚式やパーティ

はなやかなワンピース

お祝いの気持ちをこめて、はなやかに。大き目のアクセもＯＫ。

習い事の発表会

ワンピースや制服などフォーマル

本番までに、その服で予行演習しておくと安心！

見に来てくれるお客さんに失礼のない格好がいいね。

いつもと同じ、カジュアルな服じゃダメな場面もあるんだね。

キレイに見せるために その9 つめをキレイに整えよう!

指先は意外と見られているところ。つめを美しく整えていると、みんなに「いいな」と思われるだけでなく、自分もなんだかいい気分に! 時間に余裕があるときにていねいにケアしてね。

つやつやネイルで気分もアップ!

長すぎも短すぎもしないつめ check!!

つめは友だちの目にもつきやすいポイント check!!

つめは正しく切ろう！

つめは長く伸ばしていると、物にひっかかって折れたりして、とてもキケン。でも短くしすぎても、ばい菌が入りやすくなって、トラブルの元。正しい方法でお手入れしてね。

1

おふろ上がりが切りやすいよ。
白い部分は残してね。

はじめに真ん中をまっすぐに切る。短く切りすぎないように注意。

2

やすりは、一定方向に動かすようにしよう。

左右の角にやすりをかけて丸めるか、ほんの少しだけ角を切る。

ちょこっとプラスでつやつやネイルに

つめみがき

ピカピカになるよ！

目の細かいつめみがきで、つめの表面を軽くこすろう。つめの表面をけずっているのでやりすぎに注意！

つめの乾燥をふせごう！

乾燥すると、つめは割れやすくなるよ。ハンドクリームをぬるとき、つめの表面や生えぎわもぬろう。

ささくれができたときは、引っぱらず、清潔なつめきりなどで切ってね。

レッスン1　キレイに見せるために

キレイに見せるために その10

プチメイクに挑戦してみよう！

ふだんはすっぴんでも、パーティや特別なお出かけのときなどメイクをして、気分を盛り上げたいときもあるよね。そんなときは透明感のあるプチメイクでかわいさを引き立てちゃおう。

プチメイクって、どんなの？

くるりんまつ毛で、パッチリ目
check!!

キラキラネイル
check!!

キュートなつやリップ
check!!

もっとかわいくなりたい！ かわいさアップ！ ほんのりプチメイク

色つきリップクリーム

色つきリップをぬるだけでも、ぐっと女の子らしさがアップ。

透明グロス

指に少量のせて、うすくひろげよう。つやのあるうるうるくちびるに♥

ビューラー

ビューラーでまつ毛の根元を軽くはさんで、カールさせる。

マニキュア

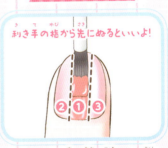

マニキュアは真ん中→両はしの順に根元から上へ、すっとぬり上げて。

★マニキュアの除光液は「ノンアセトン」とかかれている物を選ぶと、つめにやさしいよ。

メイクが濃くなりすぎないよう、最初はおうちの人にチェックしてもらうといいね。

レッスン1 キレイに見せるために

幸運を引きよせるラッキーアイテム紹介！

なやみや気になっていることに合わせて、ラッキーアイテムを取り入れよう！ 運も味方にしちゃおう♥

リボン

リボンは好きな人と気持ちをつなげてくれると言われているよ。告白する日はリボンのモチーフを身につけて。

パイ

パイは考える力をアップさせて、知的な人になれると言われているよ。宿題前のおやつに食べてみてね。

ひよこのイラスト

ひよこのイラストは金運をアップさせると言われているよ。お財布にひよこがかかれたシールを入れて、金運をアップさせよう！

白いお花

白いお花は気持ちを和らげて、人間関係を良くすると言われているよ。友だちとケンカしてしまったとき、部屋にかざったり、プレゼントしたりすると仲直りできるかも。

鏡

鏡は悪い物をはね返すと言われているよ。よごれがないように、いつもキレイにふいておこう！

かわいいしおり

しおりを本にはさむと、集中力がアップすると言われているよ。テスト前は教科書にはさんでおくといいね。

揺れる物を身につける

ゆらゆらと揺れるアイテムは気持ちをさわやかにして、人をひきつける力があるよ。イヤリングやスカートなどで取り入れてみてね。

星柄のモチーフ

かくれた才能を見つけると言われているよ。洋服やステショに取り入れると、自然と良い運にめぐりあえるかも!?

クロスのモチーフ

ピンチを救う
ラッキーアイテム！
お守りとして身につけておくといいよ♥

日常に
取り入れて
みてね♪

ファッションビルってお城みたい！

プチ・ブレイクタイム　えさがし

ナチュラルメイクにチャレンジ！

左と右の絵では、ちがうところが7つあるよ。
全部見つけられるかな?

こたえは158ページ

おさらい！ キレイに見せるための マナーレッスン

ここで紹介していることができているか、♡にチェックを入れて確かめてみよう。

♡ くちの両はしを上げて、ステキな笑顔を心がけているかな？

♡ 髪の毛はボサボサじゃない？
きちんと毎日とかしているかな？

♡ 朝、晩と、きちんと歯みがきはしているかな？

♡ ティッシュやハンカチはいつも持っている？

♡ 服はシワシワじゃない？

♡ えんぴつは毎日けずっている？

♡ シャンプーをするときは指の腹を使って、やさしく洗えているかな？

♡ 耳の後ろ、ひじ、かかとも洗っているかな？

♡ シャツのすそがとび出していたりしない？

ときどき、
ふり返ってみよう！

♡ ボタンがとれたり、ほつれたままになっていないかな？

♡ つめは短すぎたり、長すぎたりしていないかな？

♥ レッスン2 ♥

もっとキレイに近づくために

キレイになるためのヒントは、毎日の生活の中にたくさんあるよ！　ふだんから意識してみよう。

いつ見られてもOKな美しいすわり方

みんなが気持ち良くなるお食事マナーって？

おくり物をもらったときは……
ありがとう！
わぁ！ステキなマフラー！

どんな女の子が理想？
どんな女の子になりたい？②

自分がなりたいイメージの女の子の絵に✓を入れてみよう。

いつも背筋がピンと伸びている

猫背はラクだし気にならない

ひざをつけてキレイにすわる

大また開きでリラックス

笑顔でハキハキ話す

小声でボソボソ

知り合いの人に会ったら、きちんとあいさつ

あいさつするのははずかしい

会話や料理を楽しみながら食べる

ながら食べで食事をすませる

ありがとう！開けてもいい？
プレゼントをもらったらすぐにお礼を伝える

プレゼントは開けずにバッグにしまう

レッスン2 もっとキレイに近づくために

一目でキレイが伝わる、姿勢美人になろう！

バレエを習っている友だちの立ち姿に注目してみて。きっと背筋がピンと伸びていて、遠くから見てもその子だとわかるはず。姿勢の美しさは、ときには顔以上に美人度をアップしてくれるよ。

キレイな姿勢が美人をつくる！

check!!
視線は地面ではなく前を向いてるとキレイ

check!!
胸を張っているのでスタイルがよく見える

check!!
猫背、ガニ股、内股はキレイな姿勢の敵！

check!!
ひざがまっすぐ伸びてるから脚長効果も

このポイントさえ守れば姿勢美人！ 一目でキレイが伝わる、美しい姿勢のつくり方

立っているとき

空から一本の糸で頭をつられているようにすると姿勢がまっすぐに。

歩くとき

歩くとき、足はまっすぐ前に出す。頭より足が体の前に出るようにして。

物を拾うとき

必ずひざを曲げて腰をおろそう。拾うときは体の横で拾うといいよ。

おじぎするとき

おじぎは腰から曲げて、頭はまっすぐ下げよう。深すぎないように気をつけてね。

 ×NG

背中をそりすぎる姿勢は腰を痛めるから注意してね。

大きな鏡でポーズを確認したり、友だちと姿勢をチェックし合うくせをつけるといいよ。

レッスン2　もっとキレイに近づくために

もっとキレイに近づくために その2

美しいすわり方ってどうすればできるの?

意外と見られている、すわり方。美しくてエレガントなすわり方を意識してみると、みんなからの注目を浴びることができるはず!

キレイに差がつくすわり方

脚を組むのは、体がゆがむ原因に

足はそろえてひざは直角に曲げる

check!!

背中は丸めずまっすぐに伸ばそう

check!!

おしりがきちんと座面についている

気をぬいたすわり方はNG! 美しいすわり方マナーで、いつ見られてもOK!

教室で

ついやっちゃうほおづえ。机に顔が近いと、背中が曲がっちゃうよ。

イスには姿勢よく深くこしかけて、教科書を見るときは両手で持とう。

電車で

脚が開いてたら、みっともないよ。眠ってくちをあんぐりなんてダメ!

ひざはそろえて、荷物はひざの上に。必要なときには席をゆずりたいね。

♥おめかし度アップのすわり方も覚えておこう

写真を撮るときなど、両脚をななめにすると、脚長効果と美脚効果があるよ!

> リラックスしているのとだらしないのとは、全然ちがうんだよ。すわるときにはいつも意識しておいて!

レッスン2 もっとキレイに近づくために

思いやりの気持ちを大切に！

左と右の絵では、ちがうところが7つあるよ。
全部見つけられるかな？

こたえは158ページ

ハキハキ話して会話美人になる!

もっとキレイに近づくために その3

外見が美しくても、ボソボソ自信のなさそうな話し方をしているともったいないよ。明るくハキハキした話し方は、顔の表情もはなやかに美しく見せてくれるはず。

話し方で印象が変わる!

check!!
目を見て、ゆっくり話すと信頼度アップ!

check!!
くちをきちんと開けて話せば、表情筋がきたえられて一石二鳥

check!!
明るい声は人をひきつけるよ

check!!
身ぶり手ぶりで表現力ゆたかに

あなたはどんな会話美人をめざす？ なりたいイメージを描いて話そう

レッスン2 もっとキレイに近づくために

明るくてイキイキした女の子になるなら？

自分の思ったことは、えんりょせずにしっかり伝えよう。くち先でボソボソしゃべると、くらーく見えちゃう。笑顔もわすれずにね♥

クールで知的な女の子になるなら？

ペラペラと早口でしゃべるのはかるがるしい感じ。ここぞというときに意見を言えるといいね。相手の目をまっすぐ見るのもポイント。

♥ふだんから発声練習しよう

あ　い　う　え　お

のどだけでしゃべると声がしっかり出ないよ。お腹に手をあてて「あ、い、う、え、お」と、くちの形をはっきり変えながら言ってみよう。

あわてて話すと、内容も伝わりにくいし、相手も落ちつかないよ。急がずはっきりを心がけてね。

61

あいさつってやっぱり大切！

もっとキレイに近づくために その4

だれかと会ったときや別れるとき、朝昼晩の気持ちのいいあいさつ、できてるかな？　親しい仲でも、あいさつをきちんとしている女の子はキラキラしてるよ！

第一印象はあいさつで決まる！

check!!
朝昼晩のあいさつちゃんとできてる？

check!!
顔も見ないあいさつはあいさつとは言えない！

check!!
ボソボソ小さな声では気持ちがとどかないよ

どうせするなら気持ちいいあいさつが◎

レッスン2 もっとキレイに近づくために

好感度の高いあいさつって？

あいさつは笑顔をセットにすると好感度がグーンとアップ！

体や顔は相手に向けて。目上の人にはおじぎをするとマナー美人！

相手によってあいさつは変わるのが自然

先生など目上の人には / 友だちには

	目上の人には	友だちには
朝	「おはようございます」	「おはよう」
お別れ	「さようなら」「失礼します」	「バイバイ」
感謝	「ありがとうございます」	「ありがとう」
あやまる	「すみません」「申し訳ありません」	「ごめんなさい」「ごめんね」

大人にはていねいなあいさつが良いけれど、友だちには少しかたくるしいね。うまく使い分けられれば、あなたもあいさつ名人だよ。

♥親しき仲にも礼儀あり

家族にはいいかげんなあいさつですませてない？今日から元気ハツラツあいさつにチェンジして、おたがい気持ちよく！

あいさつは相手への好意を伝える良いチャンス。気持ちいいあいさつで、もっとみんなと仲良くなろう。

もっとキレイに近づくために その5

友だちのおうちにおよばれしたときのマナー、知ってる?

友だちのうちに遊びに行ったとき、自分のうちにいるみたいにふるまってるとおうちの人からあれっ？　と思われてしまうよ。仲の良い友だちだからこそ、おうちの人にもマナーを持って接しよう。

およばれファッションチェック

check!!

スッキリした
清潔感のある
ヘアスタイルで！

×

ぬいでから
気づいてもおそい！
キレイなくつ下で
行こう

check!!

おしゃれの必要はないけれど、だらしない服そうはNG！

およばれ上手の基本マナー

最低限これだけは守りたいポイント

レッスン2 もっとキレイに近づくために

最初のあいさつは?

こんにちは！
おじゃまします！

いらっしゃい。
どうぞ。

もし、おうちの人が玄関にいなくても、来たことが伝わるよう、大きな声であいさつをしよう。

くつをそろえる

くつをぬぐときは相手に背を向けずにぬごう。ぬいだあとは、くつのつまさきを玄関のとびらに向けるようにそろえてね。

おみやげのわたし方

おみやげは、おうちの人に「母からあずかってきました。みなさんでめしあがってください」と声をかけて直接わたして。きちんとこんなふうに伝えてわたすことができれば、おうちの人の印象も◎。

母からあずかってきました。
みなさんでどうぞ。

それはごていねいにありがとう。

こんなとき、あんなときのマナー

おやつを出してもらったら

おうちの人に「いただきます」を言おう。いただく前には手洗いもわすれずに。

よそのおうちのルールを守る

自分のうちとよそのおうちのルールはちがうことがあるよ。そのおうちのルールにしたがおう。

後かたづけもきちんと

おやつをいただいて、ゆかにクズをこぼしっぱなしはよくないね。キレイにかたづけよう。

帰りのあいさつもしっかり

帰るときは、おうちの人にひと言「おじゃましました、さようなら」と声をかけてね。

万が一帰りがおそくなったら

うっかり帰る予定の時間を過ぎたら、家に電話をさせてもらって、今から帰ることを伝えよう。

絶対守ろう、大事なこと

よそのおうちにおじゃまする前に絶対しなくてはいけないことは、自分のうちの人に、なんという友だちの家に遊びに行って、何時までに帰るかをきちんと伝えることだよ。わすれないでね。

あなたはやっちゃってない?? はずかしい！およばれNG集！

勝手に他の部屋をのぞく
遊んでいい部屋以外の他の場所を、許可なくのぞくなんて絶対ダメ！

冷蔵庫を開ける
自分のうちでやってることも、よそのおうちではマナー違反！

トイレをよごしっぱなし
自分がよごしたところは自分でキレイにしようね！

大声でさわぐ
大きな声を出したり、ドタバタするのは近所にもめいわくだね！

♥自分の家に友だちが来たときも同じ
自分のうちに来た友だちがマナー違反をしてたときは、「うちではこうしてね」とていねいに伝えるようにしよう。そのほうがおたがいに気持ちよく遊べるよ。

ここはお姉ちゃんの部屋だから入らないでね。

人の家におじゃましているってことをわすれずに、楽しく過ごせるよう心がけたいね！

レッスン2　もっとキレイに近づくために

あなたの気配り度は何パーセント？
気配りチェック診断!!

気配りができる女の子ってとってもステキだよね♬
自分がどれだけできているか、チェックしてみよう！
今の気分に当てはまるほうの矢印へ進んでね。

スタート

Yes →
No →

国語が得意♬

友だちによく相談される。

友だちがいるとついはしゃいじゃう。

犬より猫派。

自分はおしゃべりなタイプだ。

初対面の人でも、平気で話しかけられる。

友だちとケンカしたら、先にあやまる。

最近ケンカした。

お手伝いが好き。

友だちによく物を借りる。

いつも自分が中心でいたいタイプ。

あなたの気配り度は 80%

あなたはかなりの気配り上手！　その心づかいをわすれないでね。

あなたの気配り度は 60%

気分がいいときは気配りができるあなた。ムラなくできたらいいね！

あなたの気配り度は 40%

たまに不思議ちゃんに見られるあなた。自分の行動を見つめ直すのも大事だよ。

あなたの気配り度は 20%

いつも自然体なのがあなたのミリョクだけど、自分以外の人のことも考えて行動してみて。

69

もっとキレイに近づくために その6 おくり物をもらったときのマナー

誕生日や入学・進級などのお祝いに、おくり物をもらったらどうしているかな？ おじいちゃんおばあちゃん、親せきなどから、「あげてよかった」と思われるような女の子になりたいね。

もらったときにできることって？

check!!
遠くの人には電話などですぐにお礼を言う

check!!
もらったおくり物の感想を伝える

check!!
あとからお礼のはがきや手紙、メールを送る

伝えたい感謝の気持ち

もらってうれしい！
素直な気持ちが大切

直接もらったとき

「卒業おめでとう！よかったら使ってね。」

「ありがとうございます。大切に使わせてもらいます。」

直接手わたされたときは、その場でお礼をすぐ伝えるのが基本。相手に時間があるようなら開けても良いか聞いて、いっしょに中身を見るといいね。

宅配や郵便で受け取ったとき

「今とどきました。ありがとうございます。」

まずは電話をしよう。無事にとどいたこととお礼を伝えるよ。

「最近テニスをはじめて……。」

遠くの親せきなどには、最近していることなどを話すといいよ。

♥もっとていねいにお礼したい！

落ち着いてから、あらためてもらった物を使っている写真を撮ったり、絵をかいたりして、手紙やメールにそえると感謝の伝わり方がアップするよ。

身につける物なら今度会うときに、身につけて見てもらうのもいいよね。

レッスン2　もっとキレイに近づくために

物を借りたときのマナー

もっとキレイに近づくために その7

友だちに何か物を借りたとき、どんなことに気をつけてる？ 借りっぱなしのままわすれちゃったり、返す約束の日を過ぎても平気な顔をしてると「もう貸したくない！」って思われちゃうかも!?

どんな気持ちで貸してくれたのかな？

check!!
「すごくおもしろい本だから楽しんで読んでほしいな」

check!!
「大切にしてるから大事にしてくれるといいな」

check!!
「読み終わったら早めに返してくれるといいな」

ちょっとした心がけで気持ちいい貸し借りができる！
信用をなくさないスマートな返し方って？

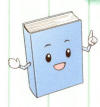

返す日を守る
●日までに返すね、と約束したら必ずその日を守ろう。おくれてしまいそうなときは、早めに伝えよう。

よごさない、傷つけない
どんな物でも、借りたときよりきたなくなっていたらガッカリだよね。もしよごしてしまったら、きちんと伝えてあやまろう。

お礼や感想を伝える
ポン、と返すのではなく「ありがとう」の言葉といっしょに。借りてよかったことをきちんと伝えられればなおいいね。

♥貸した子がうれしくなるようなちょっとした気配りをプラス

カードをつける

かわいい袋に入れて返す

大切にあつかったことを伝えるなら、感謝をこめたメッセージカードをそえたり、色や柄のかわいい袋に入れて返すとgood！

自分が貸したほうなら、どう返してもらったらうれしいかを想像するといいかも！

レッスン2　もっとキレイに近づくために

もっとキレイに近づくために その8

食事をするときのマナー

食事は毎日することだから、ついつい気をぬいてマナー違反をしてしまったり、悪いくせがついていたりすることがあるよ。自分の食事をきちんと見直して、レディの作法を身につけておこう。

基本の食事マナー、守れてる?

check!!
いただきます、ごちそうさま、きちんと言ったかな?

check!!
手洗いはすんだ?

check!!
おはしを正しく使えてる?

check!!
スマホを見ながらなどの「ながら食べ」はNG!

これだけは知っておきたいこと
気持ちよく、おいしく食べるために

髪の毛は結ぶ

ヘアゴムで髪をまとめたり、耳にかけたりして食べようね。

食事に集中して味わう

料理を見て食べ、会話を大事にすることは食事をおいしくするよ。

レッスン2 もっとキレイに近づくために

正しいおはしの持ち方

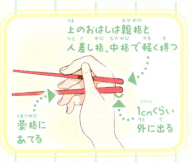

上のおはしは親指と人差し指、中指で軽く持つ
薬指にあてる
1cmくらい外に出る

おはしNG集

食べ物を刺す

お皿やおわんを引き寄せる

おはしであれこれ迷う

おはしをなめたり、かんだりする

♥たまには自分からお手伝い！

手伝うね！

食べたあとのお皿やおわんをほうっておかずにきちんと流しに運んでね。お手伝いで感謝の気持ちを表そう。

自分の食べる姿を家族にチェックしてもらうと、気づかなかったことに気がつくよ。

もっとキレイに近づくために その9 — 外食するときのマナー

たまにはお出かけしてステキなレストランで食事！ なんてとても楽しいけど、意外と外食するときのマナーは知らないことがたくさん。覚えておくと、ちょっとじまんできちゃうかも。

洋食のテーブルマナー、知ってる？

check!!
注文して、料理がくるまでにナプキンをひざの上に置く

スープはスプーンを手前から奥に動かしてすくうよ。ズルズル音を立てて飲むのはNG

check!!

check!!
肉や魚などは右手にナイフ、左手にフォークを持って切るよ

ちょっとした心がけで気持ちいい食事ができる！

レディの気分でエレガントに！

フルコースのカトラリーセッティング

カトラリー

フルコースは順番に料理のお皿が出てくるから、ナイフやフォークがたくさん。基本的には外側から順に使っていくと覚えておこう。

1. スープスプーン　2. オードブルナイフとフォーク　3. フィッシュナイフとフォーク　4. ミートナイフとフォーク　5. フルーツナイフとフォーク　6. アイスクリームスプーン　7. バタースプレッダー／バターナイフ

バイキング形式のマナー

いろいろな物を、好きなだけ食べられるのはバイキングのミリョク。だけど、自分が食べられる分だけをお皿にとるのがマナーだよ。

> レストランでの食事でマナーをきちんと意識できれば、大人の仲間入りできちゃうかも！

♥品のある行動を心がけよう

せっかくみんなでレストランに来ても、大声を出したり、食べ散らかしたりしてはだいなし。落ち着いたエレガントなふるまいで食事を楽しみたいね。

レッスン2　もっとキレイに近づくために

レストランに行くときの服そう

レストランに行くときは、お店の雰囲気に合わせた服そうで行くのもマナーのひとつだよ。

Before
カジュアル過ぎるファッションはNG！
＊レストランでは帽子をぬごう。

After

ひざ丈スカート ◎

- 大き目のバッグ ✗
- デニムやダボダボのパンツ ✗
- スニーカーやサンダル ✗

ADVICE
- ♥なるべくシンプルに。
- ♥上品でキレイな色のワンピースを選ぶ。
- ♥カーゴパンツなどのカジュアルなパンツやショートパンツなどははかないこと。
- ♥デニムは避ける。
- ♥パンプスなどスニーカーではないくつにする。
- ♥バッグは小さ目の物が◎。

- 小さ目のバッグ ◎
- キレイ目のパンプス ◎

高級レストランだって行けちゃう！さわやかガーリー＆大人コーデ

さわやかガーリー

フリルのついたワンピースでさわやかなガーリーコーデ♬

大人コーデ

えり付きシャツとワイドパンツを合わせて、キレイ目大人コーデ！

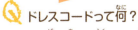

レストランコーデ Q&A

Q ドレスコードって何？

A その場に合った服そうで来てください、という意味だよ。NGコーデだと入れないレストランもあるよ。

Q カジュアルの他にNGファッションはある？

A ゴスロリ、ロリータファッションなどは、ハデ過ぎて雰囲気に合わなくなるので避けたほうがいいよ。

バイキングって楽しいね！

プチ・ブレイクタイム　まちがいさがし

左と右の絵では、ちがうところが7つあるよ。
全部見つけられるかな？

こたえは158ページ

スーパーマーケットでお買い物♪

その10 もっとキレイに近づくために

場所に合ったマナーをしっかり判断!

買い物に出かけた先のお店、スーパーマーケット、そんな場所でのマナーもきちんと守りたいもの。友だちといっしょに盛り上がって、まわりに気づかいできないのは、マナー美人とは言えないよね。

いろいろな人がいる場所での基本マナー

check!! 大声で話したりはしゃいだりしない

check!! 歩きスマホはとてもキケン!

身だしなみを整えるのは化粧室で!

check!! お店での写真撮影は許可が必要なところも

いつも行く場所でやっちゃってない？ 場所別マナーチェックポイント

レッスン2 もっとキレイに近づくために

雑貨店やスーパーで
- 商品はていねいにあつかおう
- 商品をもどすときは元どおりに

映画館で
- 音を立てて食べない
- 暗くなったらおしゃべりはNG

図書館で
- 会話は外で、館内では静かに
- 本はよごさないように読む

電車やバスで
- 降りる人が先、人を押しのけない
- 座席は占領せずにゆずり合おう

♥スマホ、携帯マナーはOK?

人といっしょにいるのにスマホにばかり夢中なのは失礼だよね。

「友だちといると、つい楽しくってはしゃぎ過ぎちゃうこと、あるよね。気をつけよう！」

助けて！こんなとき、どうしたらいい？

初デートでカフェに行ったのに、デザートがうまく食べられない！ケーキはボロボロにくずれる、お皿に残った食べ残しがきたない、洋服に生クリームをつけちゃった！ そんなトラブルが発生したら!?

☆困った！ トラブルレスキュー！

レスキュー度の高いスイーツ

できるだけボロボロこぼしたり、中身をこぼさないように食べるのがポイント。小さな食べ残しはフォークですくえるところまで食べればOK。

♥ミルフィーユ ♥ロールケーキ

そのまま切ると中身が出ちゃうよ。まず横にたおして、はじから切ろう。

♥タルト

フォークの先でタルトの生地を何度か刺すと切り分けやすいよ。

♥シュー

皮をひとくちサイズにちぎって、中のクリームを少しずつすくって食べて。

レスキュー度の低いスイーツ

きれいに食べる自信がなければ、食べやすいスイーツを選んでおくと安心だよ。

♥プリン

スプーンですくうだけ！安心してたのめるスイーツの代表。

♥ショートケーキ

三角のとがったほうから少しずつ切ってくちに運ぶだけ！

♥パンケーキ

ナイフでピザみたいに切り分けておけば食べやすいよ。

洋服をよごしちゃった→応急処置レスキュー

洋服に食べ物や飲み物をこぼしてよごしちゃっても、あわてないで。トイレで早めに応急処置をして、帰ってから洗濯をすれば大丈夫だよ。

♥水にとけやすいよごれ（しょうゆ・コーヒー・紅茶・ジュースなど）

❶ぬらしたティッシュペーパーでよごれをしめらせる。
❷よごれの裏側にかわいたハンカチを当て、ぬれティッシュで押さえて、よごれをハンカチに移す。
❸かわいたティッシュペーパーで水分をふき取る。

♥油をふくんだよごれ（ケチャップ・カレー・生クリームなど）

❶かわいたティッシュペーパーでよごれを押さえるように油分を吸い取る。
❷ぬらしたティッシュペーパーに、石けんをつけ、よごれになじませる。よごれの裏側にかわいたハンカチを当て、ぬらした別のティッシュペーパーで押さえて、ハンカチへよごれを移す。
❸かわいたティッシュペーパーで水分をふき取る。

※よごれの種類や服の素材によって処置の方法は変わるから、おうちの人に確認しておこう。

♥うまくいかないときこそ距離をちぢめるチャンス！

上手に食べられなくても、うまくいかないこと自体が話題になるはず。

ハンカチやティッシュがあれば、彼が洋服にこぼしたときも安心♥

レッスン2　もっとキレイに近づくために

おいしい紅茶のいれ方

おいしい紅茶をいれて、家族や友だちといっしょに
楽しいティータイムを過ごそう。

1
ティーポットとカップの中に熱湯を入れて温める。しばらくしたらポットの中のお湯を捨てる。
※お湯でやけどをしないように気をつけてね。

2
ティースプーンで茶葉を山もりにすくう。ポットにそれを3杯入れる。
※ティースプーン山もり1杯の茶葉で、ひとり分の紅茶がいれられるよ！

3
ふっとうしたてのお湯をポットに入れて蒸らす。フタをして2〜3分待つ。

4
ポットを軽くゆする。カップのお湯を捨て、こし器を使って少し高めの位置からそそぐ。

紅茶とお菓子のいただき方

おいしくエレガントに食べよう♫

紅茶の飲み方

①
カップは右手で取っ手をつまんで持つ。

※人差し指、中指、親指の3本で持ち手をつまんで持つと、エレガントだよ。

②
音を立てて飲まない。

のどを鳴らさず、少しずつ静かに飲む。

お菓子の食べ方

①
ケーキは左はしから、ひとくちサイズに切って食べる。

最初からひとくちサイズのものはそのまま食べてOK！

②
いっしょに食べている人と楽しく話す。

おいしいね！

ほんとう！おいしい〜

紅茶やケーキを味わいながら、ティータイムをみんなで楽しもう！

おさらい！もっとキレイに近づくためのマナーレッスン

ここで紹介していることができているか、♡に✓を入れて確かめてみよう。

- ♡ 背筋はピンと伸ばせてる？
- ♡ 物を拾うときは、ひざを曲げて腰をおろせているかな？
- ♡ おじぎをするときは腰から曲げて、頭はまっすぐ深く下げられているかな？
- ♡ イスにすわるときは両ひざをつけられているかな？
- ♡ 話すときは相手の目を見て、話せているかな？
- ♡ 知っている人に会ったら、あいさつしているかな？
- ♡ お友だちのおうちにおじゃまするときは、くつを玄関のとびらに向けるようにそろえているかな？
- ♡ 「いただきます」「ごちそうさま」はきちんと言えているかな？
- ♡ 正しいおはしの持ち方はできているかな？

意識を持つことで毎日が変わってくるね！

レッスン3
内側からキレイに なるために

内面の美しさは目には見えないけれど、
外側にもにじみ出るもの。どんどんみがいていこっ！

スマホ、スマートに使えてる？

ホメ上手になろう！

家族の間でも思いやりの気持ちを♪

どんな女の子が理想？
どんな女の子になりたい？③

自分がなりたいイメージの女の子の絵に✓を入れてみよう。

家族ともあいさつ

気持ちが通じているから、家族とはあいさつの必要なし！

できるだけプラス思考！

いつもマイナス思考……

そうなの！気付いてくれてありがとう。

髪、切ったんだね
友だちのことをよくホメる

人をホメるのは照れくさい

レッスン3 内側からキレイになるために

家族の間にもマナーがある！

内側からキレイになるために その1

家族は生まれたときからずっといっしょ。家族の前ではカッコつけたり、気どったりする必要もない。でも、だからといって、気づかいや思いやりも必要ないのかな？　そんなことはないよね。

家族にだって「ありがとう」が大切！

check!!
たまには感謝を素直に表現

いつも、お弁当ありがとう。

check!!
おうちの人だってホメられればうれしい

からあげがおいしかった！

check!!
よかったところを具体的に言う

家族間のマナーってどんなの？ 大切な家族だからこそ思いやりを態度で表そう！

レッスン3 内側からキレイになるために

あいさつをしよう！

あいさつは家族の間でも基本。自分から言えるといいね。

共有スペースはキレイに使う！

トイレなどの共有スペースは、あとで使う人のことを考えて使おう。

家族のためにできることをさがそう！

「お手伝い」なんてかまえなくても、ちょっとの気づかいでOK！

父・母の日を利用して感謝を伝えよう！

照れくさい場合は、手紙をかいてもいいかも！

気持ちのこもったメッセージでおうちの人はきっと大喜びだよ。

やさしくされるとうれしいのは、友だちだって、家族だっていっしょ！

内側からキレイになるために その2

プラス思考になろう！

「プラス思考」っていうのは、物事の「いいところ」を見るってこと。「いいところ」を見つけることができれば、うまくいかないことがあっても、そこから前進することができるよね。

物事をいいほうに考えよう

プラス思考って、こういうこと!?

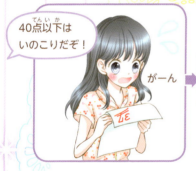

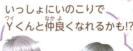

どんな状況でも、良い面をさがすようにしよう

つい悪いところを見てしまう人のための プラス思考になる練習！

行動する前から失敗することを心配しない

「ダメだったら、そのときはそのとき！」

まだ起こっていないことを心配するのはドキドキのムダづかいだよね。

しかられた内容を考えよう

「どうしてだらしないの？」

「お母さんはわたしのことキライなんだ。」

しかられた内容だけ考えよう。この場合は、かたづければいいだけだね。

失敗だって、前進！

「そうか。こっちの道じゃなかったんだ。」

それがわかっただけでも1歩前進！

失敗はやり方をまちがえていたり、練習が足りなかったりしただけのこと。

だれにでも苦手なことはある

「運動は苦手だけど……」

「細かい作業は好きだし、得意！」

人には得意なことも苦手なこともある。自分のいいところに自信を持って！

マイナス思考になったら、「わたし、今マイナス思考になっている」って思うだけでも、ぬけ出す一歩になるよ。

レッスン3　内側からキレイになるために

その3 内側からキレイになるために

友だちに相談されたら……

友だちになやみごとを打ち明けられたことがあるかな？ 得意なスポーツや、勉強だったら、教えられるかもしれないね。でも、どうこたえたらいいか、わからないようなことだったら……？

友だちの力になるにはどうしたらいい？

してほしいことがあるか
聞いてみよう check!!

何かできること、ある？

check!!
そばに
よりそって
あげよう

check!!
くちをはさまず、
話を聞いて
あげよう

どんなふうに相談にのってあげたらいい?
友だちの力になりたいとき 大切なこと

話を聞いてあげよう！

なやみをかかえている友だちは、話すことで気持ちが整理できることも。

自分の意見を押しつけない

役に立ちたくて、やってしまいがち。「わたしだったら……」とつけくわえるのをわすれないで。

大人の力を借りる?

とても深いなやみの場合、相談できる窓口があることを教えてあげよう。

他人に友だちの相談事を話さない

打ち明けてくれたのは、あなたを信頼したから。信頼を裏切らないでね。

★24時間子供SOSダイヤル
0120-0-78310（無料・休日でもつながります）
★チャイルドライン
0120-99-7777
（無料・月〜土曜日／午後4時〜午後9時）
※2017年7月7日現在

なやみはすぐに解決できなくても、だれかがよりそってくれるとわかったら、友だちは心強いよね。

レッスン3　内側からキレイになるために

みんなでパーティの準備♪

左と右の絵では、ちがうところが7つあるよ。
全部見つけられるかな？

こたえは159ページ

マナー上手はホメ上手

内側からキレイになるために その4

友だちの「いいな」「スゴいな」と思うところ、くちに出してホメている？ 照れくさいなんて言わずちゃんと伝えてあげよう。人をホメるには、その人をよく見て、長所をさがす必要があるよ。

いいところは気軽にホメよう！

check!!
ホメられて
うれしくない人は
いない

今度の席順、近くになってうれしいな。

check!!

その髪型
かわいいね！
似合ってる！

「いっしょにいて楽しい」ということもホメ言葉のひとつ

check!!

変化を
見のがさない

ホメ上手は観察から始まる
たとえば友だちの習い事の発表会。
どんなふうにホメたらいい?

「いい」と思ったところを素直に!

「くるくる回るの、スゴかった!」

うまくホメようと思わず、スゴいと思ったところを伝えればOK!

くち先でホメてもダメ!

「さすが○ちゃん。天才だねー!」

くち先だけのホメ言葉はおせじと思われて、悪い印象に。

質問してみよう!

「くるくる回転して目が回らないの?」
「二人で踊るところ、息がピッタリだったね。」
「それはね……」

質問ができるのは、興味を持って見ていたしるし。友だちは喜んで教えてくれるよ。

失敗したときも、いいところをさがそう

「ありがとう!」

友だちはガッカリしているかも。よかったところを教えてあげよう。

レッスン3 内側からキレイになるために

人をホメる基本は、「いいな」と思ったことをそのまま伝えることよ!

103

マナー上手は断り上手

内側からキレイになるために その5

仲のいい友だちだからって、いつも同じように考えたり行動したりするわけじゃないよね。ときには、おさそいを断らなくちゃいけないことも。どうしたら、友だちの気分を害さずに断れるかな？

どうしたら上手に断れるかな？

今日、うちにこない？いっしょにクッキーつくろうよ！

え、っと。

今日は家でダラダラしたいんだけどな。

「ダラダラしたい」なんて言えないし……

せっかくさそってくれたのに断って、キラわれたらどうしよう。

check!!
考えすぎないのがいいみたい

友だちをイヤな気持ちにさせない
おさそいの断り方

いつもYes！と言うばかりが友だちじゃない！

レッスン3 内側からキレイになるために

ありがとう、でも……

さそってくれたことへのお礼をしてから断るとスマートだよ。

断る理由を伝える

「明日は……」

どうして断るのか理由を伝えると、断られた友だちもナットクしやすいね。

ムリのない言いわけを用意

「ごめんね。今回は気分がのらなくて。」
↑正直派

「ごめんね。家の手伝いをしなくちゃいけないの。」
↑言いわけ派

正直に言える人は正直に。むずかしい場合、ムリなく使える言いわけをするのも、悪いことじゃないよ。

イヤなことは、しっかりNO！

「そういうの、やりたくない。」

「イヤだな」「変だな」と思ったら、あいまいにせずはっきり断ろう。

「大人でも、断るのはむずかしいもの。でも、ムリにさそいにのっても楽しめないよね。」

助けて！こんなとき、どうしたらいい？

仲良しの友だちとケンカしちゃった。おたがい意地をはって、ずっとくちをきいていない。もう、絶交なの？　仲直りするにはどうしたらいいの？

友だちとケンカしちゃった……

質問を読んで、当てはまる矢印のほうに進んでね。

はい　→　　　いいえ　⋯⋯▶

- 自分は１００％悪くない。友だちが悪い。
- 自分からは絶対あやまりたくない。
- 自分のほうが悪かったかも？
- このまま絶交になってもかまわない。

自分からあやまろう。あやまる前はドキドキするけれど、思い切れば、なんとかなる！

ひと晩、寝よう。明日になったら気分が変わって、いい考えが思いつくかも。

時間をおいてから、さりげなく、話しかけてみよう。

今日、天気いいよねー。

友だちのほうからあやまってきそう。

視線を送って、相手から声をかけやすいきっかけをつくってあげよう。

友だちとの間に入ってくれる別の友だちがいる。

手紙をかいてみよう。今考えていることや、これからも友だちでいたいことを伝えよう。

その友だちに、わけを話して仲直りするのを手伝ってもらおう。

レッスン3 内側からキレイになるために

スマートフォンのマナー

内側からキレイになるために その6

スマホって、すぐ友だちと連絡がとれて、いろいろなことが調べられるとても便利な道具。マナーを守って上手に使いこなしたいね。トラブルにまきこまれないためのルールも覚えておこう。

スマホ、どんなふうに使おう？

check!!

便利な道具、
楽しくかしこく使おう

公園で10時にね。

うん。楽しみ♡

おそろのブレス
つけてこうね！

もちろん♥

スマートに(=かしこく、かっこよく)使おう！
これだけは守りたい
スマホの基本マナー＆ルール

レッスン3 内側からキレイになるために

おうちの人との約束を守る

いっしょにルールをつくろう。

食事中はスマホを使わない

歩きスマホはしない

とてもキケン！

人と話しているときスマホを使わない

パスワードは人に教えない

教え合いっこしよう！

親友でも絶対ダメ。

個人情報はかきこまない

友だちの個人情報も、かきこんではダメ。

人に見せられない写真を撮ったり送ったりしない

水着の写真、送ってよ！

ネットにあげた写真は取り消せないし、世界中に広がることも。

だれかを傷つけるやりとりに参加しない

知らない人からのメールは無視する

友だちになろう！

トラブルに巻きこまれるかも。

スマホを使っていて、困ったことが起こったらおうちの人に相談してね。

人づき合いのなやみ あるあるQ&A!
こんなときどうする? いっしょに考えよう!

Q1 陰で悪口を言われてるみたい、どうしよう?

A 気づかないフリをしよう。怒って言い返したりすると、ケンカやいじめのもとになるよ。でも、本当にあなたを傷つけようとして悪口を言っているなら早めに大人の人に相談しよう。

みんなのトーク

ユイ: 人それぞれ欠点があるのに、いちいち悪口言うなんて意味ないよね。

マユ: いじわるされたからグチっただけなのに、次の日悪口言ったって言いふらされた!

メロン: 悪口しか言わない子には近寄らない。

みんなのトーク

カノン: 気の合わない子とがんばって仲良くなろうとしたけど、つかれた……。

ハナ: 苦手な子でも、良いところはあるよね。

リオ: 合う人、合わない人がいるのは当たり前。

Q2 苦手な子とどうつき合えばいいの?

A 普通のクラスメイトとしてつき合おう。ムリに仲良くなることもないけど、苦手だからキライ! と冷たくするのはNG!

Q3 友だちがいっしょにいないと落ち着かなくて、ひとりで動けない……。

A まわりの目を気にしすぎかも。ふだんからひとりでも夢中になれるものをさがしてみるといいよ。

みんなのトーク

 マユ：トイレくらいひとりで行きたい！ いつもグループで固まりすぎ。

 ヒマリ：友だちといられないときもあるよね～。

 ハナ：前はひとりってイヤだったけど、自由で落ち着く。

みんなのトーク

 ユイ：SNSってつい夜ふかししちゃうよね。

 メロン：テスト前で「勉強するから」って送ったら、「真面目(笑)」ってからかわれた！ もうグループからぬけたいなあ。

Q4 学校が終わってもSNSのやり取りがずっと続く……どうすればいい？

A 「今○○してるから、またね」と伝える勇気を持とう。SNSを見るのは何時まで、と決めるのも◎。

Q5 友だちづき合いでイライラ！ どうすればいい？

A まずは自分の好きなことをして気分転換しよう。人にやつ当たりするのはNG！ ノートなどに思ったことをかき出してみたりするのもおすすめだよ。

みんなのトーク

 リオ：おふろで歌を歌っているよ！ ココロも体もスッキリ♬

 カノン：「まあ、いっか～」って考える。

 ヒマリ：ぬいぐるみに話してる！ 言葉にするとおさまる。

内側からキレイになるために その7

物のあつかい方で「品の良さ」がわかる!

ドアを大きな音を立てて開け閉めしたり、物を移動させるとき足でけとばしたり……。そんなことしていないよね? 物をザツにあつかう人は、その人の生活も、人に対する態度もザツに見えてくるよ。

品の良さはどんなところに表れる?

check!! ぬいだ服をたたむ

check!! ぬぎっぱなし

ふだんの生活から気をつけよう！ めざせ！品のいい女の子

道具を大切に使う

筆記用具やバッグなど、大事に使おう。

服をきちんとたたむ

体操着や水着をしまうとき、ぐちゃぐちゃに袋につっこんでいない？

ドアを乱暴に開け閉めしない

ドアや窓は、静かに開け閉めするようにしよう。

食器をザツにあつかわない

食器を乱暴に机に置いたり、ぶつけたりしないようにしよう。

> ガチャガチャ大きな音を立てる人は要注意。自分の行動をふり返ってみて。

レッスン3　内側からキレイになるために

内側からキレイになるために その8

さりげなく教えてあげるマナー

友だちのスカートのファスナーが開いていたり、ウエストから下着がチラリと見えていたり……。そんなときどうする？ 自分だったら、どうしてほしいかな？

自分だったらどうしてほしい？

ファスナーが開いている！

下着が見えている！

歯にノリがついている！

タイツが伝線！

check!!
自分だったらどうしてほしいかを考えてみよう

友だちのうっかり どうやって教える?

友だちの性格別!

明るく、おおらかな子

「ファスナー、ひらいているよ。」
「ホントだ!」

ごく自然に、さらりと教えてあげよう。

クール&リーダータイプの子

「歯にノリがついてたー。」
「はっ。わたしもだ。」

自分で気づくようにしてあげよう。

おだやかでおとなしめな子

みんなにはわからないよう、こっそりその子だけに教えてあげよう。

物静かではずかしがりやな子

「教えてあげて。」
「わかった!」

その子といちばん仲良しの子から、伝えてもらうといいかも。

> 友だち同士なら、見て見ぬフリせず、教えてあげるほうがいいよね!

レッスン3 内側からキレイになるために

家（か）族（ぞく）で ショッピング♪

まちがいさがし

左と右の絵では、ちがうところが7つあるよ。
全部見つけられるかな?

こたえは159ページ

カードのかわいいデコり方！

メッセージカードを、かわいくデコっちゃおう！

シール&マスキングテープデコ

マスキングテープでわくをつくったあと、
好きなシールをまわりにはりつけるだけ♬

マスキングテープと同系色の
シールを合わせるとかわいい！

フェルトのお花デコ！

フェルトをお花の形に切って、カードに
はりつけるかんたんデコ♥

1 フェルトに花の形をマジックで下がきする。

2 ハサミで切り取る。

3 裏に接着剤をぬってカードにはりつける。

よくかわかしてね！

オリジナルシールデコ

色紙とペンと両面テープでオリジナルシールをつくって、
カードにはりつけてデコろう！ オリジナルカードができちゃうよ♬

1 色紙にペンで下がきする。

2 色紙を切って、文字やイラストをかく。

3 両面テープを裏につけて、カードにはりつける。

たくさんはりつけてかわいくデコろう！

ゴージャス！ ラインストーンデコ

ラインストーンを使って、
ゴージャスなカードをつくろう！

1 ラインストーンを用意する。100円ショップなどに売っているよ！

2 小さいストーンは、ピンセットでつまみながらのりではりつける。

3 オリジナルシールと合わせるのもOK！

121

プレゼントをおくろう！

プレゼントをおくるときは、物だけではなく気持ちもプレゼントしよう♪ 上手におくって、友情を深めちゃお♪

おすすめプレゼント

1 ステーショナリー
友だちの好きなキャラクターのステショを選ぼう！ いくつあっても困らないプレゼント♪

2 タオルハンカチ
女子の必須アイテム！ シンプルで使いやすい物がいいね。

イニシャル入り♪

クラブでも使えるタオル！

3 おそろいのグッズ
キーホルダーなど二人でつけやすい物がおすすめ。

二人でひとつのキーホルダー！　おそろいのブローチ♥

4 ポーチ
さりげなく友だちにどんなポーチが好きか聞いておくとgood！

かわいいポーチ♪　シンプルポーチ

5 ヘアアクセ
小さ目でかわいい物なら学校でもつけられるね♪

シンプルなヘアゴム♪　小さいヘアクリップ♥

オリジナルラッピング

ラッピングをひと工夫するだけで、よりステキなプレゼントになるよ！

♥お花みたいなしぼり包み！

 紙ナプキンの中央に包む物を置く。

 紙ナプキンの四すみを真ん中に集める。

 はしをしぼって、テープでとめる。

リボンでとめるととってもかわいい♪

♥レースペーパーラッピング

 かわいい紙袋にプレゼントを入れる。

 レースペーパーを2つ折りにし、紙袋の上にかぶせる。その上から穴あけパンチで穴を2つ開ける。

 穴にリボンを通して、チョウチョウ結びにする。

メッセージカードをそえよう！

伝えたい気持ちをこめたメッセージカードをつくって、プレゼントにそえよう！ふだん言えない感謝の言葉をかくと、とても喜ばれるよ♪

伝えるポイント
- ♥友だちの好きなところ
- ♥楽しい思い出の話
- ♥力になりたいこと

おさらい！内側からキレイになるためのマナーレッスン

ここで紹介していることができているか、♡に✓を入れて確かめてみよう。

♡ 家族にも「ありがとう」が言えているかな？

♡ トイレなどの共有スペースは
　あとで使う人のことを考えて使えているかな？

♡ 友だちの「いいな」と思う点を
　くちに出してホメることができているかな？

♡ 気が進まないさそいやたのみごとは、
　断ることができているかな？

♡ スマホはルールを守って使えているかな？

♡ ドアは静かに開け閉めできているかな？

♡ ぬいだ服はきちんとたためているかな？

♡ 道具は大切に使えているかな？

ちょっとした心がけでステキなレディになれるよ！

レッスン4

ずっとキレイでいるために

そのとき、その場だけキレイになっても意味がないよね。
キレイを保つためのヒケツを教えちゃうよ♪

興味のあることを見つけてみよう

おこづかいを使うときは計画的に！

整理せいとんをして、ステキなお部屋に★

どんな女の子が理想？
どんな女の子になりたい？④

自分がなりたいイメージの女の子の絵に ✓ を入れてみよう。

机の上はいつもスッキリかたづいている

机の上にとりあえず物を置いてしまう

前の日に持ち物の準備をしておく

出かけるときに持ち物の準備をする

おこづかい帳をつけている

買い物のときは金額を気にしない

ときどきお料理の手伝いをしている

お料理は親まかせ

"食べる"専門！

★ レッスン4 ずっとキレイでいるために

失敗してもできるようになるまで努力する

失敗するくらいならやらない

人の話を聞くことができる

人の話を聞くより自分が話すほうが好き

127

整理せいとんで身のまわりもキレイに！

ずっとキレイでいるために その1

整理せいとんができていないと、物をすぐに取り出せなくてイライラ……。勉強する気もなくなっちゃう!?　キレイな女の子をめざすなら、お部屋や身のまわりもスッキリさせたいね！

身のまわりがキレイだと何がいいの？

check!!
物の場所が一目でわかる

check!!
おしゃれな机なら勉強のやる気もアップ！

check!!
部屋がキレイだと友だちもよびやすい！

おそいかかる不幸たち！ 身のまわりがきたないと……

だらしないと思われる

物が散らかった部屋を見られたら、めんどくさがりでだらしない女の子っていうイメージができちゃうよ。

さがし物に時間がかかる

いざ勉強するにも、あれがない、これがない、となって、さがすことに毎回時間をとられちゃう。

大事なことをわすれがちに

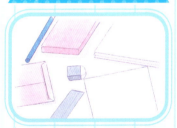

大事なメモやプリントがうもれて、そのままわすれちゃったり、必要な物をなくしたりしちゃうかも。

気分がアガらない

きたない机を見ると、勉強する気が起きないよね。部屋がキレイなら、楽しい気分で取り組めるはず。

★ レッスン4 ずっとキレイでいるために

整理せいとん美人への道

1、持っている物を出して分類する
机の上や引き出しの中身を、一度全部出して、分類しよう。

2、物に専用の居場所をつくる
箱やしきりで区切って、いつもそこに返したくなる居場所をつくろう。

3、いらない物をとっておかない、買わない
いらない物はすぐに捨てよう。必要かどうか考えて買うことも大事。

勉強にやる気が出る 机整理術

① 机の上に置く物は少なく！

机に物がないだけで、お部屋のスッキリ感は驚くほどアップ！ よく使う物とかざっておきたい物が２つずつくらいあるのがベスト。

② 色数を減らす！

見えている部分だけでも色のトーンをそろえると、物が多少多めでもスッキリみえるもの。

③ "しきり"でスッキリ！

きちんと分類した文具も、引き出しにゴチャッと入れたらすぐにまた迷子に。箱やしきり板などを上手に使おう。

④ 使う物を手前に！

よく使う物が引き出しの手前にあれば出し入れもラクちん。ときどきしか使わない物は奥にしまって。

しきりは整理せいとんの強～い味方

100円ショップのしきり

空き箱

プラスチックのカップ

コーディネイトが楽しくなる 洋服整理術

1 アイテムごとに分ける

Tシャツなどのトップス、下着、くつ下、スカートなどのボトムスなどアイテムごとにまとめて。

2 一目でアイテムがわかる収納

丈が長めの物はハンガーにかけよう。引き出しの場合は、本をならべるように色別にまとめるとキレイ。

★ レッスン4 ずっとキレイでいるために

3 洋服収納のそばに鏡をおく

コーディネイトするとき、鏡で見ながら組み合わせるのがおしゃれ上手への近道だよ！

ちょっと上級編

一度、自分の持っている洋服を全部イラストにかくか、写真に撮ろう。一枚ずつのカードにすればコーディネイトイメージのレッスンができるよ。

♥明日の準備もカンペキに！

バッグの中も、毎日きちんと整理と準備をしておけば、朝あわてないですむね。持ち物チェックをするくせをつけよう。

明日の準備はできたかな？

プチ・ブレイクタイム　まちがいさがし

左と右の絵では、ちがうところが7つあるよ。
全部見つけられるかな？

こたえは159ページ

知的な女の子って、キレイ！

ずっとキレイでいるために その2

ちょっとしたことに好奇心を持ったり、自分の知らないことに興味を持つのは、向上心を持っているということ。そんな知的な女の子は、男女を問わず、みんなからステキだと思われるはずだね。

知的な女の子って、どんな子？

check!!
いつでも好奇心の
アンテナがピーン！

check!!
興味のあることは
自分から追究する

check!!
好きなことに
夢中なとき、
表情がイキイキ

check!!
話題が豊富で
楽しい

興味のあること、見つけてみよう

好きなことをもっと深く！

★図書館に行ってみる

たとえば英語に興味を持っていたら、英会話の本、行きたい国の情報、英語でかかれた本、なんでも調べてみて。きっと何か刺激があるはず。

★習い事をがんばってみる

ずっと続けている習い事、なんとなくやっていないかな？ 言われたからじゃなく、自分からやろう！ と取り組んでみて。

いつもとちがう自分、発見！

ふだん読まないジャンルの本に挑戦！

友だちにすすめられた映画を観に行く

新しい趣味を始めてみる

♥自分で考えて表現しよう

わからないことはすぐ聞くのではなく、まず自分で調べてみよう。自分の意見を持ったうえでおうちの人や大人に相談すれば、会話もはずむよ。

好きなことを見つけて、イキイキかがやきたいね！

★レッスン4　ずっとキレイでいるために

135

ずっとキレイでいるために その3
おこづかいを上手に使えるようになる！

あまり考えずに次々と買い物をしていると、おこづかいはすぐなくなってしまうよね。かしこい女の子なら、本当に欲しい物を買えるように正しくおこづかいを使いたいね。

おこづかいのまちがった使い方

check!!
欲しいと思ったらとにかくすぐに買っちゃう

check!!
レシートはもらわない

check!!
いくら残っているかはあまり考えない

check!!
友だちが買っていると自分も欲しくなっちゃう

おこづかい、こうやって使おう！

★欲しい物をリストに

今月は何を買いたいのかリストをつくろう。必要な物、すぐに必要ではない物、必要はないけどいつか欲しい物、それぞれしるしをつけよう。

★買う前に一度考える

買ってしまう前に、リストを見ながら本当に今買ってよいのかを落ち着いて考えよう。次の日にまだ欲しかったら買う、というのもテだよ。

レッスン4　ずっとキレイでいるために

★おこづかい帳をつける

おこづかい帳をつけると、自分が何を買って、あといくら使えるかがわかるよ。必ずレシートは持ち帰ろう。買った物をあとでかきこむのに必要だよ。

日にち	ことがら	入金	出金	残金
5/8	おこづかい	1000		1000
5/10	ポーチ		350	650

○×スーパー
領収証
¥100
¥150
¥100
合計 ¥350

大きな買い物をするなら、目標額を決めて、おこづかいから貯金してみよう。

×NG 友だちとお金の貸し借り

友だちにお金を借りたり貸したりするのはやめておこう。返してと言いにくくなるから「おうちの人に禁止されているの」などと言ってうまく断ってね。

貯金をがんばったから大好きなアイドルのコンサートに行けたよ！

どんなお部屋にしたい？
理想のお部屋コーデ♬

> ステップ①　どんなタイプのお部屋にしたいか
> イメージしてみよう♬

プリンセスタイプ

レースが多く、ロマンチックな
お姫様のお部屋♥

ポップタイプ

カラフルで元気なお部屋！

ゆめかわタイプ

パステルカラーのメルヘンなお部屋

小悪魔スイートタイプ

黒×むらさきで大人ムードなお部屋

他にもいろいろなタイプのお部屋があるよ。
考えてみよう♪

どんなお部屋にしたいか イメージをイラストにかいてみよう！

シャンデリアのあるお部屋にしたいな。

- 置きたい家具をさがす。
- どうしたら理想の部屋に近づくか考える。
- モデルにする部屋の写真を参考にする。

かわいさだけじゃなく、住みやすさも考えてみよう！

どんな暮らしができるか 想像してみよう！

イラストを見て、どんなふうに過ごすか想像してみよう！

いちばんゆったりできるところ♪

ここのスペースもったいない？

本がたくさん置ける！

ここって落ち着いて勉強できる？

- その部屋に住んだら、どんなふうに楽しくなるか考える。
- 暮らしにくい部分はないか考える。

自分の住みたい部屋を想像することは理想の部屋への一歩だよ。

料理に挑戦して、喜んでもらおう！

ずっとキレイでいるために その4

自分でおいしい料理をつくれたら、食べることももっと楽しくなるね。毎日料理をつくってくれるおうちの人の助けにもなるし、なによりも食べた人が「おいしい！」って喜んでくれたら幸せだよね！

料理をつくって広がる笑顔の輪

check!!
おいしい物を自分ですぐつくれるのがハッピー！

「ありがとう」「おいしいね」の言葉がうれしい！
check!!

check!!
自分で料理ができるとちょっとシェフ気分！

料理にチャレンジ、まず何から？

おうちの人のお手伝いをしよう

まずはおうちの人のごはんづくりのお手伝いをしてみよう。包丁の使い方、料理の手順など、お手伝いで覚えられることがたくさん！

覚えておきたい料理のマナー

料理は人のくちに入るもの。まず手洗いをしっかりしよう。三角巾をする、エプロンをつける、使った物は洗ってかたづけることも大事だよ。

★ レッスン4　ずっとキレイでいるために

♥はじめてさんにおすすめの料理

目玉焼き
卵料理の定番だね！

カレーライス
役立ち度ナンバーワンメニュー！

サンドイッチ
好きな具をはさんでアレンジ！

グリーンサラダ
レタスやベビーリーフを中心に

火を使うときは十分注意しよう　×NG

包丁やガスレンジを使うときは必ずおうちの人に聞いてから。慣れていないと思わぬ事故につながることもあるから注意してね。

料理が上手になってきたら、次はお菓子づくりに挑戦したいね！

失敗ははずかしがらない！

ずっとキレイでいるために その5

勉強やおしゃれ、毎日の生活では思ったようにいかないこともあるよね。でも、失敗をおそれて何もしないよりは、失敗から学んで前へ進むのが、キラキラかがやくステキな女の子への道！

チャレンジから生まれるハッピー

check!!
失敗したからこそ
自分なりの方法を
発見できる

check!!
勇気を出して
チャレンジした自分に
自信がつく

check!!
人の目を気にせずに
チャレンジすると
新しい世界が開ける

失敗をくり返して、成功を発見しよう

おしゃれ編

▼やってみる！
いつもボーイッシュな服ばかり、ときには女の子らしいおしゃれもしてみよう！

▼どうだったかな？
友だちからの反応もいまいち？やっぱり似合ってないのかな!?

▼考えて、またトライ！
背が高いから全身ガーリーにするのはやめて、一部分だけにしてみよう！

勉強編

▼やってみる！
宿題、絶対わすれないように、帰ったらすぐにやろう！

▼どうだったかな？
と思ったのに、宿題を出されたこと自体をわすれちゃってた……

▼考えて、またトライ！
専用の「やることメモ帳」をつくって、宿題や必要な持ち物はすぐにメモしよう！

趣味や習い事、友だちづき合いなども同じだよ！
失敗をはずかしがらずにいろいろな方法を試してみよう！

レッスン4　ずっとキレイでいるために

助けて！
こんなとき、どうしたらいい？

自分をどうしても好きになれない、自分はダメだって思ってしまうとき、どうしてる？　ちがうことをして気をまぎらわすのもいいけど、思い切って自分を見つめてみると何かが変わるかも！

自分のここがイヤ！

自分を好きになれないのはどんなところ？　それはなぜかな？　ホントによくないところなのかな？

スポーツが苦手。みんなできて当たり前のこともできない……

こんな性格、だれに似ちゃったんだろう……

家族や兄弟にすごくイライラしちゃう……

友だちもわたしのことバカにしてるんじゃ……

すごくめんどくさがり。部屋もきたない……

このままでちゃんとした大人になれるかな

もっと自分に自信があればなあー

人前に出るとはずかしくて話が上手にできない……

おしゃれじゃないし目が一重で重たい。顔を鏡で見たくない……

かわいい子とならぶのがイヤー

144

♥心の声その1♥

自分のことを好きになれないのは、「本当はもっとこうありたいのに！」という気持ちがあるからだよね。あなたの中に、良くなりたいという前向きな思いがあることはとても大切なことだよ。

♥心の声その2♥

自分がイヤ！ と責めちゃう前に、ちょっと待って！ あなたが思ってること、本当にそうなのかな？ だれかに言われたひと言が気になってたり、自分で「こうでなくちゃ」と思いこんでたりしないかな？

★ レッスン4 ずっとキレイでいるために

コンプレックスをプラスにチェンジ！

外見が気になる

目が一重なら、一重で活躍しているモデルさんや女優さんのメイクや髪型、ファッションを研究してみよう。美人の型に自分を当てはめるのではなく、個性を伸ばそう！

性格が気になる

イライラするのも、はずかしがりも、元を正せばまじめな証拠。めんどくさがりは大らかともいえるよね。自分が変わりたい！ と思ったこと自体が大事な発見なんだよ。

能力のなさが気になる

勉強や運動、人にはそれぞれ苦手があるよ。才能がない！ と思ったあなた、「自分の才能ってなんだろう？」と考えるチャンス。友だちに「わたしのいいところ」を聞いてみるのもいいよ。

145

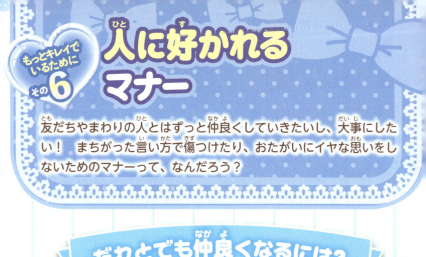

人に好かれるマナー

もっとキレイでいるために その6

友だちやまわりの人とはずっと仲良くしていきたいし、大事にしたい！　まちがった言い方で傷つけたり、おたがいにイヤな思いをしないためのマナーって、なんだろう？

だれとでも仲良くなるには？

check!!
外見や最初の印象だけで
相手のことを決めつけない

上目づかいや見下げる目線はNG！
笑顔で目線はまっすぐに
check!!

check!!
相手の話に
ちゃんと耳を
かたむける

人とうまくつき合うコツ

友だちとの会話

話の聞き方
自分だけ話し続けるのはNG。相手が話しているときはさえぎらないようにしよう。

意見が食いちがったときは？
自分の意見はきちんと伝えてもいいけれど、「それはちがうよ」と頭ごなしに相手を否定したりはしないで。

はじめて話す子との会話

話しかけ方
ひとりでいる子に話しかけるなら、共通の話題をさがそう。「今日暑いね」とか、なんでもOK。

何を話せばいいの？
話しかけられた子はドキドキするもの。最初は自己紹介をかねて、自分のことを伝えよう。

✕NG やっちゃいがちなこと
友だちの気になるところを、本人のいないところで言っちゃうのは、悪口だよね！

だれとでも気持ちよくつきあえると、学校生活が楽しくなるよ！

★ レッスン4　ずっとキレイでいるために

ステキレディになるための5つの法則！

マナーとふるまいにも気をつけて、ステキなレディになろう！

1 リップスティックのへりはいつもキレイに。

使い終わったらティッシュなどでふいておこう！

2 5分前行動を心がけて！

見ためはカンペキでも、バタバタしていたらだいなしだよ。

3 エレベーターでは乗ってくる人のために「開けるボタン」を押してあげよう。

みんなが乗り終わるまで、開けるボタンを押そう。

4 1日1回は前向きワードをくちにして！

ありがとう‼

前向きワードで1日明るく過ごそう！

5 ハンカチにはコロンをひとふり♬

よごれやすいハンカチに香りをつけると清潔感UP！

いつも心がけよう！

おさらい！ ずっとキレイでいるためのマナーレッスン

ここで紹介していることができているか、♡に✓を入れて確かめてみよう。

♡ 机の上はいつも整理せいとんができているかな？

♡ しまうべき場所に物がしまえているかな？

♡ 丈が長めの洋服はハンガーにかけられているかな？

♡ 持ち物の準備は前の日にできているかな？

♡ おこづかい帳は毎日つけられているかな？

♡ おうちの人のお手伝いはできているかな？

♡ 好きなことはあるかな？

内側も外側もキレイになることが大切なのね！

♡ 失敗をはずかしがらず、チャレンジする気持ちを持っているかな？

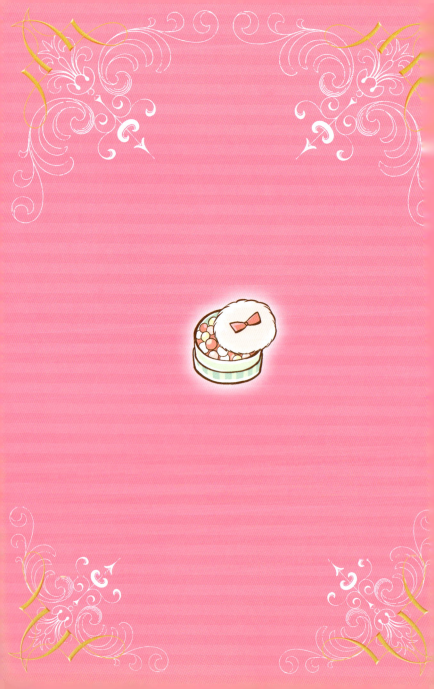

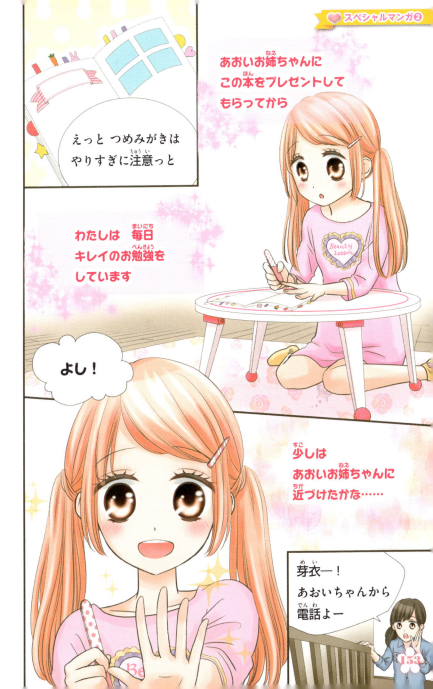

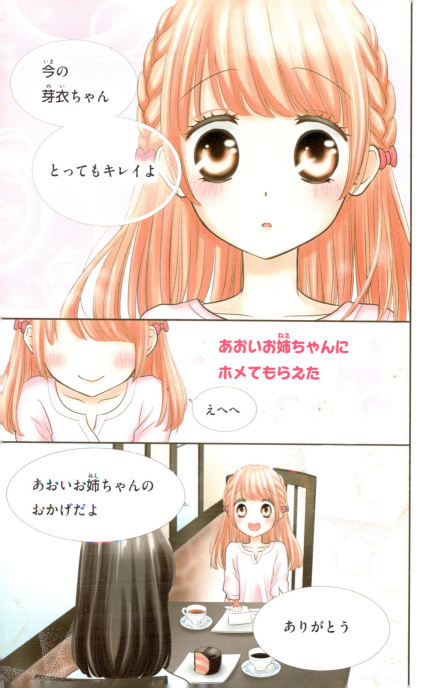

プチ・ブレイクタイム こたえ

23ページ

46〜47ページ

49ページ

59ページ

81ページ

82〜83ページ

101ページ

117ページ

118〜119ページ

133ページ

148〜149ページ

● 監修　辰巳　渚

文筆家、生活哲学研究家、一般社団法人家事塾および一般社団法人生活哲学学会
代表理事。お茶の水女子大学文教育学部地理学科卒業、星槎大学大学院教育学研
究科修了、教育学修士。2000年に130万部のベストセラーとなった『「捨て
る！」技術』（宝島社）のほか、『「暮らす！」技術』（宝島社）、『子どもを
伸ばすお手伝い』（岩崎書店）、『こういうとき、どうするんだっけ　自立のす
すめ　マイルール』（毎日新聞出版）など著書多数。

● 装丁イラスト　　　（表）立樹まや、（裏）うさぎ恵美
● 漫画・キャラクター　うさぎ恵美
● 本文イラスト　　　あゆみ ゆい、池田春香、いしい ゆか、kumona-aka、
　　　　　　　　　　小咲さと、さくら しおり、はしこ、ミニカ、祐歌、林檎ゆゆ
● デザイン・DTP　　株式会社 ダイアートプランニング（横山恵子、髙島光子）
● 執筆・編集協力　　菊池麻祐、田中真理
● 編集協力　　　　　株式会社 童夢

ステキガールをめざせ☆
女子力アッププリンセスマナーレッスン

2017年 9月20日　第1版第1刷発行
2019年 1月10日　第1版第5刷発行

監修者　辰巳　渚
発行者　後藤淳一
発行所　株式会社PHP研究所
　　　　東京本部　〒135-8137　江東区豊洲5-6-52
　　　　　　　　　児童書出版部　TEL 03-3520-9635（編集）
　　　　　　　　　　　普及部　TEL 03-3520-9630（販売）
　　　　京都本部　〒601-8411　京都市南区西九条北ノ内町11
　　　　PHP INTERFACE　https://www.php.co.jp/

印刷所
製本所　図書印刷株式会社

©PHP Institute, inc. 2017 Printed in Japan　　　　　　　　　ISBN978-4-569-78697-1
※本書の無断複製（コピー・スキャン・デジタル化等）は著作権法で認められた場合を除き、禁じられています。
　また、本書を代行業者等に依頼してスキャンやデジタル化することは、いかなる場合でも認められておりません。
※落丁・乱丁本の場合は弊社制作管理部（TEL 03-3520-9626）へご連絡下さい。
　送料弊社負担にてお取り替えいたします。
159P 20cm NDC370